장보고는 해적들로부터 나라를 지키기 위해 완도에 청해진을 설치하고, 국제 무역을 이끌어 나갔어요. 통일 신라는 200여 년 동안 번영을 누렸지만, 경제력을 바탕으로 힘을 키운 귀족들의 왕위 다툼으로 왕이 자주 바뀌는 일이 벌어졌어요.
자, 신라의 역사 속으로 들어가 볼까요?

추천 감수 박현숙 (고대사)

고려대학교 사범대학 역사교육과를 졸업하고 동 대학원에서 문학박사 학위를 받았습니다. 현재 고려대학교 사범대학 역사교육과 교수로 재직 중이며, 백제 문화와 고대 인물사 등에 대한 활발한 연구를 계속하고 있습니다. 쓴 책으로 〈백제의 중앙과 지방〉, 〈한국사의 재조명〉 등이 있습니다.

추천 감수 정구복 (고려사 · 조선사)

서울대학교 사범대학 역사교육과를 졸업하고 서강대학교에서 문학박사 학위를 받았습니다. 한국학중앙연구원 한국학대학원의 교수로 재직 중이며, 한국학중앙연구원 한국학대학원 원장을 역임하였습니다. 쓴 책으로 〈한국인의 역사 의식〉, 〈역주 삼국사기〉, 〈한국 중세 사학사 1, 2〉 등이 있습니다.

추천 감수 김한종 (근현대사)

서울대학교 사범대학 역사교육과를 졸업하고 동 대학원에서 역사교육을 전공하여 문학박사 학위를 받았습니다. 현재 한국교원대학교 교수로 재직 중입니다. 쓴 책으로 〈역사 교육 과정과 교과서 연구〉, 〈역사 교육의 내용과 방법〉(공저), 〈한 · 중 · 일 3국의 근대사 인식과 역사 교육〉(공저), 〈역사 교육과 역사 인식〉(공저) 등이 있습니다.

고증 문중양 (과학사)

서울대학교 계산통계학과를 졸업하고 동 대학원에서 이학박사 학위를 받았습니다. 쓴 책으로 〈우리 역사 과학 기행〉, 〈우리의 과학문화재〉(공저), 〈세종의 국가 경영〉(공저) 등이 있습니다.

고증 정연식 (생활사 및 복식)

서울대학교 국사학과를 졸업하고 동 대학원에서 문학박사 학위를 받았습니다. 쓴 책으로 〈조선 시대 사람들은 어떻게 살았을까?〉(공저), 〈일상으로 본 조선 시대 이야기 1, 2〉 등이 있습니다.

글 박영규

1996년 밀리언셀러 〈한권으로 읽는 조선왕조실록〉을 출간한 이후 〈한권으로 읽는 고려왕조실록〉, 〈한권으로 읽는 백제왕조실록〉, 〈한권으로 읽는 신라왕조실록〉 등 '한권으로 읽는 역사 시리즈'를 펴내면서 쉽고 재미있는 역사책 읽기의 바람을 일으켰습니다. 그 외에도 〈교양으로 읽는 한국사〉 등의 많은 역사책을 썼습니다.

그림 한창수

추계예술대학교에서 동양화를 전공하고 한국출판미술가협회 회원이 되었습니다. 현재 프리랜서 일러스트레이터로 활동하고 있으며, 그린 책으로 〈쇠두레박을 쓴 여우〉, 〈새가 들려주는 동화〉, 〈옛날 사람들은 어떻게 공부했을까?〉, 〈자라가 준 구슬〉, 〈라이트 형제〉, 〈선녀와 나무꾼〉, 〈작은 아주 작은〉, 〈내색시는 댕기 처녀〉, 〈은혜를 저버린 원님〉, 〈머리 아홉 달린 괴물〉, 〈김수로왕〉 등이 있습니다.

이미지 제공

연합포토, 중앙포토, 국립중앙박물관, 국립부여박물관, 국립경주박물관, 국립민속박물관, 유연태(사진작가), 허용선(사진작가)

광개토 대왕 이야기 한국사 31 통일 신라

흔들리는 천 년 왕국

총기획 및 발행인 박연환
발행처 (주)한국헤르만헤세
출판등록 제17-354호
연구개발원 경기도 성남시 분당구 금곡동 444-148
대표전화 (031)715-7722
팩스 (031)786-1100
본사 서울시 송파구 석촌동 7-3
대표전화 (02)470-7722
팩스 (02)470-8338
고객문의 080-715-7722
편집 임미옥, 백영민, 윤현주, 지수진, 최영란
디자인 장월영, 주문배, 김덕준, 김지은

ⓒ Korea Hermannhesse

이 책의 저작권은 (주)한국헤르만헤세에 있습니다. 본사의 동의나 허락 없이는 어떠한 방법으로도 내용이나 그림을 사용할 수 없습니다.

△ 주의 : 본 교재를 던지거나 떨어뜨리면 다칠 우려가 있으니 주의하십시오.
고온 다습한 장소나 직사광선이 닿는 장소에는 보관을 피해 주십시오.

이 책의 표지는 일반 용지보다 1.5배 이상 고가의 고급 용지인 드라이보드지를 사용해 제작하였습니다. 표지를 드라이보드지로 제작하면 습기의 영향을 덜 받기 때문에 본문 용지가 잘 울지 않고, 모양이 뒤틀리지 않아 책을 오랫동안 보존할 수 있습니다.

이 책은 기존의 석유 잉크 대신 친환경 식물성 원료인 대두유 잉크를 사용하여 인쇄하였습니다. 대두유 잉크는 선진국에서 널리 사용하고 있는 고가의 대체 잉크로, 휘발성이 적어 인쇄 상태의 보존이 용이하고, 인체에 무해할 뿐만 아니라 눈에 부담을 주지 않는 자연스러운 색을 내는 특징이 있습니다.

흔들리는 천 년 왕국

감수 박현숙 | 글 박영규 | 그림 한창수

이야기 한국사 광개토대왕

31 ★ 통일 신라

한국헤르만헤세

삼촌에게 죽임을 당한 애장왕

왜와 다시 국교를 튼 애장왕

왕권을 세우기 위해 애쓰다

소성왕이 죽자, 애장왕이 그 뒤를 이었어요.

그때 애장왕의 나이는 겨우 열세 살이었어요.

대신들은 걱정이 앞섰어요.

"왕께서 나이가 너무 어립니다. 나랏일을 제대로 하실지 걱정입니다."

그러자 애장왕의 삼촌인 김언승이 나섰어요.

"어린 왕이 뭘들 제대로 하겠소이까? 제가 대신 나랏일을 돌보리다."

그러나 김언승은 나랏일을 돌보기는커녕 제 욕심 차리기에 바빴어요.

어린 애장왕을 만만히 보고 제 아랫사람처럼 부리려고 했지요.

'철부지 어린애가 나랏일을 알면 얼마나 알겠어?

살살 구슬려서 내 말만 따르게 해야겠어.'

이렇게 생각한 김언승은 애장왕을 찾아갔어요.

"폐하, 나라를 지키려면 힘 있는 사람이 병사들을 꾸준히 훈련시키고,

무너진 성을 보수해야 합니다. 제가 비록 병부령의 벼슬에 있지만

제 뜻을 펼치기에 부족합니다. 그래서 드리는 말씀인데,

저에게 큰 책임을 맡겨 주시면 목숨을 바쳐 보답하겠습니다."

애장왕은 마지못해 김언승의 욕심을 채워 주었어요.
"나랏일을 보시는 데 불편함이 없도록 더 높은 벼슬을 드리겠습니다."
애장왕은 김언승에게 상대등의 벼슬을 내렸어요.
이렇게 해서 김언승은 군대와 행정을 한손에 틀어쥐게 되었어요.

애장왕은 삼촌인 김언승을 볼 때마다 불안해졌어요.
'삼촌은 내가 나이 들어도 권력을 놓지 않으실 거야.
아, 나중에 큰 다툼이 생기겠어!'
김언승은 애장왕이 열다섯 살이 되었는데도 권력을 넘겨주지 않았어요.
참다못한 애장왕은 열여덟 살이 되자 신하들을 불러 모았어요.
"나도 이제 나랏일을 돌보기에 충분한 나이가 되었소.
그동안 상대등에게 나랏일을 모두 맡겨 죄송한 마음이었소.
이제 상대등의 짐을 덜어 드리려 하오."
김언승은 자신의 권력을 빼앗아 가려는 애장왕이 못마땅했어요.
하지만 열여덟 살이나 된 왕을 더 이상 어찌할 수 없었어요.
'어린것이 내 권력을 다 빼앗아 가는군! 어디 두고 보자.'
김언승은 복수를 다짐했어요.

한편 힘을 되찾은 애장왕은 신하들에게 명령했어요.
"내가 정식으로 왕이 되었으니, 어마마마를 태왕후로 하고 부인은 왕후임을 확인한다."
그리고 나라의 체계를 바로잡는 개혁을 시작했어요.

그중 하나가 지방 행정 조직을 관리하는 것이었어요.
"멀리 떨어진 지방까지 왕의 명령이 전달되어야
나라를 바르게 다스릴 수 있을 것입니다."
"새 법을 만들어 각 지방의 관리는 내가 직접 뽑을 것이다.
각 지방의 경계를 분명히 하여 관리들의 책임을 명확하게 한다."
애장왕은 백성의 살림을 돌보는 일에도 앞장섰어요.
귀족들은 툭하면 백성의 재물을 빼앗고,
자신들의 집을 넓히는 일에 백성을 마구 부려먹곤 했어요.
"백성들은 하루에 한 끼를 먹는다고 하는데,
귀족들은 온몸에 비단을 두르며 사치를 일삼고 있다.
이 일을 어찌 그냥 넘어가겠는가?
특히 절에서 많은 돈을 끌어다 쓴다고 들었다."
그러자 신하 균정이 대답했어요.
"귀족들의 사치가 이만저만이 아닙니다.
절에서도 툭하면 탑을 쌓는다, 부처상을 다시 만든다
하여 많은 돈을 쓰고 있습니다."
"불교의 가르침은 불쌍한 백성을 돕기 위한 것이 아니냐?
그런데 절에서 앞장서 사치를 한다니 괘씸하구나!
앞으로 모든 불교 행사에는 비단과 금은으로 만든
그릇을 쓰지 못하게 하라."

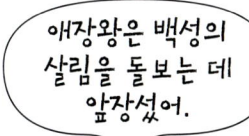

애장왕은 백성의 살림을 돌보는 데 앞장섰어.

그 무렵 일본에서 사신이 찾아왔어요.

"그동안 일본과 신라는 원수처럼 지내 왔습니다.

하지만 더는 다툴 이유가 없습니다.

상인들이 자유롭게 오갈 수 있도록 허락해 주시겠습니까?"

애장왕도 일본과 좋은 관계를 맺고 싶었어요.

"신라와 일본은 어찌 보면 가장 가까운 이웃이 아니더냐.

너희 왕에게 화해를 원한다고 전하라."

이렇게 해서 신라는 731년 이후 끊어졌던 일본과의 관계를 72년 만에 회복했어요.

그러나 애장왕이 열심히 나랏일을 하는 것을 김언승은 못마땅하게 바라보았어요.

김언승은 자신을 따르는 무리에게 불만을 털어놓았어요.

"왕이 나이가 들었다고 저렇게 기고만장하니 걱정이구나."

그러자 김언승을 따르는 무리는 맞장구를 쳤어요.

"왕은 힘을 키우려고 언제든 우리를 쳐낼 것입니다."

▲ 애장왕 때 세워진 해인사

"기회는 지금뿐입니다. 더 놔두면 손을 쓸 수 없을지도 모릅니다."
고민하던 김언승이 부하들을 돌아보며 낮은 목소리로 물었어요.
"어떻게 손을 써야겠느냐?"
"왕이 가장 아끼는 균정부터 처리하는 게 좋겠습니다."
김언승은 고개를 끄덕였어요.
"마침 왕이 일본과 다시 외교를 맺으려 하니, 균정을 일본에 보내도록 하자."

이렇게 음모를 꾸민 김언승은 곧 애장왕을 찾아갔어요.
"일본과 다시 외교를 맺으신다고요? 잘하신 일입니다.
그런데 걱정되는 일이 있습니다."
"무엇이 걱정된다는 말이냐?"
애장왕이 묻자, 김언승은 심각한 표정을 지으며 말했어요.
"우리는 지난 70년 동안 일본과 원수처럼 지냈습니다.
그런데 하루아침에 친해질 수 있겠습니까? 그러니 외교를 잘하는
균정을 보내 일본에 머물게 하면서 그들을 안심시켜야 할 것 같습니다."
애장왕은 김언승의 속셈을 눈치챘어요.
'내가 가장 아끼는 신하를 일본에 보내려 하다니, 속셈이 뻔하군!'
애장왕은 김언승에게 이렇게 말했어요.

"일본은 우리와 사이좋게 지내고 싶어서 사신까지 보냈다.
우리가 굳이 일본에 신하를 보내 머물게 할 필요는 없다."
얼마 뒤 신라는 정식으로 일본과 사신을 주고받았어요.
이로써 애장왕은 신라를 한층 평안하게 만들었어요.
애장왕이 나랏일을 빈틈없이 돌보자, 김언승은 속이 불편했어요.
"이대로 가면 왕의 힘을 아무도 당할 수 없겠는걸."
김언승을 따르는 부하들이 대답했어요.
"서둘러 왕을 없애지 않으면, 우리가 왕에게 죽임을 당할 것입니다."
"군사들을 모아 두었으니, 왕을 내쫓아야 합니다."
809년 7월, 김언승은 반란을 일으켜 궁궐을 점령했어요.
애장왕과 그를 따르는 신하들은 모조리 죽임을 당했어요.

반란으로 불안에 떨었던 헌덕왕

조카를 죽이고 왕이 되다

김언승은 조카인 애장왕을 죽이고 스스로 왕위에 올라 신라 제41대 헌덕왕이 되었어요. 헌덕왕은 자신이 그랬던 것처럼 반란이 일어나지는 않을까 항상 걱정을 했어요.

'왕을 죽이고 이 자리를 차지한 나를 누가 진심으로 따르겠는가? 내가 믿을 사람은 오직 나와 함께 반란을 일으켰던 부하들뿐이다.'

이렇게 생각한 헌덕왕은 자신에게 도움을 주었던 사람들에게만 높은 벼슬을 내렸어요. 그들은 나라의 행정은 물론이고 군대까지 손아귀에 쥐고 신라를 마음대로 흔들어 댔어요.

헌덕왕과 그 주변의 신하들이 10년 동안이나 권력을 움켜쥐고 놓지 않자 여기저기서 불만을 가진 사람들이 늘어 갔어요.

"지금의 왕은 예전의 부하들만 챙기니 벼슬을 한들 무슨 소용이 있겠소?"

"맞는 말이오. 왕은 우리를 믿으려 하지 않소.

> 조카를 죽이고 왕이 되었으니 항상 불안했겠지.

> 그래서 자신에게 도움을 준 사람들에게 높은 벼슬을 내렸어.

나랏일을 열심히 해봤자 알아주지도 않으니, 힘이 나지 않는구려."
지방의 관리들은 백성을 돌보는 일에 소홀해졌어요.
군인들도 나라를 지키겠다는 생각을 않고, 불평불만만 늘어놓았어요.
그러는 사이 백성들은 무거운 세금과 강제 노동에 지쳐 갔어요.
"도저히 못살겠다. 차라리 도둑질이라도 해야겠어!"
굶주림에 지친 백성들 중에는 도둑 떼가 되는 이들도 생겨났어요.
그러다 보니 전국에 도둑이 들끓었고, 나라가 쑥대밭이 되었어요.
"나라의 녹을 먹고 사는 관리들이 이렇게 자기 일을 소홀히 하니
문제로다. 군사를 보내 도적 떼를 모두 쓸어버려라."
헌덕왕은 직접 군대를 보내어 도적 떼를 몰아내려 했어요.
하지만 이 일도 잘되지 않았어요.
뒤숭숭한 나라 분위기는 점점 더 나빠졌고, 백성들의 불만은 커졌어요.
이 무렵, 김헌창이라는 사람이 경주 먼 곳에서
지방 관리로 일하고 있었어요.
그는 신라의 왕족이었어요.
헌덕왕은 왕위 계승 자격이
있는 김헌창이 두려워 그를 먼
지방의 관리로 내려보냈어요.
"왕이 나를 이렇게 대접하다니
참을 수가 없어!"

김헌창을 더욱 화나게 만드는 사건이 일어났어요.
헌덕왕이 왕위를 자기 동생에게 물려준다고 발표한 거예요.
김헌창은 더 이상 화를 누를 수가 없었어요.
"조카를 죽이고 왕이 된 주제에 이제는 동생에게 왕위를 물려주겠다고?
용서할 수 없다! 사실 나야말로 왕이 될 자격이 있는 사람이 아닌가."
김헌창은 곧 자신을 따르는 군사를 모았어요.
김헌창은 순식간에 무진, 완산, 청주, 사벌 등 네 개 주를 차지했어요.
완산주 관리들은 김헌창의 군대를 피해 가까스로 경주로 도망쳤어요.
이렇게 되자, 김헌창은 아예 새 나라를 세우기로 했어요.
"이제 새로운 세상이 되었다. 새 나라의 이름을 장안이라 하노라!"
김헌창이 새 나라를 세웠다는 소문이 퍼지자 수많은 사람들이
그에게 모여들었어요.
하지만 한산주, 우두주, 삽량주, 패강진, 북원경 등의 사람들은
성문을 열지 않고 김헌창과 맞서 싸웠어요.
헌덕왕은 이 소식에 조금 마음을 놓으며 군사를 준비시켰어요.
"김헌창의 꾐에 빠지지 않은 관리들이 아직 남아 있구나!
그들과 함께 김헌창의 목을 베어 오너라."
헌덕왕은 김헌창을 치기 위해 군사를 이끌고 나섰어요.
그리고 김헌창과 그 무리들을 모두 무찔렀어요.
반란으로 내내 불안에 떨었던 헌덕왕은 이듬해 숨을 거두고 말았어요.

슬픔 속에 살았던 흥덕왕

장보고의 등장

흥덕왕은 헌덕왕의 동생이에요.

흥덕왕은 헌덕왕이 애장왕을 죽이고 왕위에 오를 때 큰 공을 세웠어요.

그 공으로 가장 높은 벼슬인 상대등의 자리까지 올랐지요.

그런데 흥덕왕은 왕위에 오르자마자 큰 슬픔에 빠졌어요.

사랑했던 왕비가 병으로 세상을 떠났기 때문이에요.

"이제 왕비가 되어 영화를 누리게 되었는데,

어찌 나를 두고 떠난단 말이오. 무너지는 이 마음을 어쩌란 말인가?"

흥덕왕은 며칠 동안이나 눈물을 멈추지 않았어요.

매일같이 한숨만 짓던 흥덕왕은 그만 병에 걸리고 말았어요.

하지만 흥덕왕의 불행은 여기서 끝나지 않았어요.

"폐하, 태자께서 타신 배가 태풍을 만나 가라앉았다고 합니다."

"이제는 태자까지 데려가는구나! 아, 견딜 수가 없다!"

흥덕왕은 거듭된 불행에 어쩔 줄 몰랐어요.

10년 동안 왕위에 있으면서 시름시름 앓으며 지내야 했어요.

이때 왕실을 뒤흔들어 놓을 인물이 나타났어요.

궁복이라는 자였는데, 사람들은 그를 장보고라고 불렀어요.
당시 신라와 당나라는 활발하게 무역을 벌이고 있었어요.
귀한 물건을 싣고 오가는 배가 많다 보니 바다에는 해적이 들끓었어요.
장보고는 해적을 물리치고 동아시아에 널리 이름을 떨치고 있었어요.
흥덕왕은 장보고를 궁궐로 불러들였어요.
"그대가 해적을 모두 무찔렀다고 들었다. 정말 장하구나!"
"몸 둘 바를 모르겠습니다."
"그대는 어찌하여 당나라로 가서 장수가 되었는가?"
"저는 신라의 평민이었습니다. 어릴 때 우연히 당나라로 갔다가 당나라 군대에 들어가게 되었습니다. 그 후 공을 세워 장수가 되었습니다."
흥덕왕은 장보고를 청해진 대사로 명하고 신라의 바다를 지키게 했어요.
장보고는 당나라를 비롯한 여러 나라와의 무역을 독점하다시피 했지요.

▲ 장보고의 영정

반란의 희생자 희강왕·민애왕·신무왕

장보고 앞에 쓰러지는 왕들

흥덕왕이 세상을 떠나자, 왕위 다툼이 벌어졌어요.

흥덕왕의 동생뻘인 균정과 조카인 제륭이 서로 맞섰어요.

제륭이 균정을 죽이고 신라 제43대 희강왕이 되었어요.

하지만 그것도 얼마 가지 못했어요.

이번에는 신하인 김명이 희강왕을 죽이고 제44대 민애왕이 되었어요.

이 무렵 희강왕 제륭에게 죽임을 당했던 균정의 아들 김우징이

장보고에게 몸을 피해 있었는데, 균정의 부하였던 김양이 찾아왔어요.

"김명이 반란을 일으켜 왕이 되었습니다. 따지고 보면 그 자리는 우리 것이 아닙니까? 이제 그 자리를 되찾아야 합니다."
김우징은 장보고를 찾아가 도움을 요청했어요.
이에 장보고는 5,000명의 군사를 보내 민애왕을 공격했어요.
민애왕은 왕위에 오른 지 1년 만에 죽임을 당하고 말았어요.
김우징이 제45대 왕인 신무왕이 되었어요.
하지만 김우징은 6개월 만에 병으로 세상을 뜨고 말았어요.

장보고의 도움으로 왕이 된 문성왕

장보고의 반란

신무왕의 뒤를 이어 그의 아들 문성왕이 왕위에 올랐어요.
문성왕은 왕이 되자마자 장보고를 궁궐로 불렀어요.
"아바마마를 도와 반란을 일으킨 무리를 쫓아낸 청해진 대사 장보고를
진해 장군에 임명하노니, 신라의 바다를 힘써 지키도록 하라."
문성왕이 장보고에게 벼슬을 준 것은 아버지를 도운 공도 컸지만,
그가 엄청난 군대를 가지고 있었기 때문이에요.
'장보고를 잘 달래 놓아야 해. 장군으로 임명하는 것보다 더 확실한
방법이 없을까?'
이렇게 생각하던 문성왕은 장보고의
딸을 왕비로 맞아들이려고 했어요.
그러자 신하들이 막아섰어요.
"장보고가 뛰어난 장수이기는 하나,
한낱 평민일 뿐입니다. 평민을
왕비로 맞아들일 수는 없습니다."

장보고는 큰 힘을 갖고 있었어.

왕조차도 장보고를 두려워했대.

"우리 신라가 이렇게 안정된 것은 신분을 잘 따져 각자 위치에서 벗어나지 않았기 때문입니다. 그런데 평민이 왕비가 되면 모두 더 좋은 신분을 갖기 위해 일어설 것이 아닙니까?"
문성왕은 곤란한 표정을 지었어요.
"잘 생각해 보시오. 내가 약속을 깨면 장보고가 가만히 있을 것 같소? 괜히 그를 건드리지 맙시다."
하지만 신하들은 꿈쩍도 하지 않았어요.
그만큼 신라의 신분 제도가 엄격했던 거예요.
문성왕은 어쩔 수 없이 장보고에게 편지를 썼어요.
'장군의 딸을 왕비로 맞아들이려고 하였다.
하지만 우리 신라는 신분을 중요하게 생각하고 있다. 평민을 왕비로 맞아들일 수 없으니 그대의 딸을 왕비로 맞을 수는 없다.'

▲ 장보고 해상 활동 기록화

장보고가 해적을 무찌르는 장면이야.

편지를 받은 장보고는 부들부들 떨며 화를 냈어요.
"목숨을 걸고 왕을 만들어 주었더니, 이제는 평민이라고 무시를 하는구나. 가만히 있지 않을 것이다!"
문성왕은 장보고가 반란을 일으킬까 불안에 떨었어요.

그 무렵 염장이라는 장수가 문성왕을 찾아왔어요.
염장은 매우 힘이 세고 용감한 장수였어요.
"폐하, 명령만 내려 주시면, 제가 장보고의 목을 베어 오겠습니다."
"흠, 그렇게만 해 준다면 큰 상을 내리겠다."
염장은 그길로 청해진으로 달려갔어요.
장보고를 만난 염장은 그 앞에 무릎을 꿇으며 말했어요.
"신라의 왕은 약해 빠졌습니다.
그러니 장군께서 신라를 돌보는 것이 옳다고 생각합니다."
장보고는 염장이 훌륭한 장수라는 것을 진작부터 알고 있었어요.
그런 장수가 자기를 따르겠다고 하니 기분이 좋아졌어요.
"그대처럼 훌륭한 장수를 곁에 두게 되니 정말 기쁘다."
장보고는 장수들을 불러 모아 큰 잔치를 벌였어요.
잔치가 무르익자 얼큰하게 취한 장보고는
긴장을 풀고 염장에게 술을 권했어요.
"그대는 술을 좋아하지 않는가? 어찌하여 술을 마다하는가?"
"먼 길을 달려왔더니 속이 좋지 않습니다. 잠시 쉬었다 오겠습니다."
얼마 뒤 염장은 몰래 칼을 들고 와 장보고의 목을 베어 버렸어요.
장보고가 죽었다는 소식이 전해지자, 문성왕은 안도의 숨을 내쉬었어요.
'이제 한시름 놓았구나. 마음 놓고 나랏일을 볼 수 있겠어.'

문성왕은 장보고와 가까이 지내던 신하들을 모조리 쫓아냈어요.
그중에는 양순도 있었어요.
양순은 장보고 밑에 있다가 궁궐로 들어온 사람이었어요.
"은혜를 원수로 갚다니! 내가 장보고 장군의 한을 풀어 드릴 것이다!"
양순은 곧 반란을 일으켰어요.
하지만 큰 힘을 쓰지 못한 채 쓰러지고 말았어요.
장보고의 부하였던 김식도 반란을 일으켰으나,
문성왕의 군대를 당할 수 없었어요.
"장보고가 없는 이상 저들은 힘이 없다. 당장 무찌르도록 하라!"
하지만 문성왕은 여전히 청해진이 마음에 걸렸어요.
"청해진 사람들을 다른 곳으로 옮겨 살게 하라."
이렇게 해서 바다의 왕 장보고가 세웠던 청해진은 사라지게 되었어요.

'이제는 그 누구도 나의 왕권을 넘보지 못하겠구나!'

문성왕은 모처럼 마음 편한 나날을 보냈어요.

그런데 바다에 해적들이 들끓기 시작했어요.

장보고가 죽자, 해적들이 다시 바다를 휩쓸고 다닌 거예요.

해적들은 바다 위에서 상선을 습격할 뿐만 아니라 바닷가 마을에서 주민들의 재산을 빼앗기도 했어요.

이 때문에 신라의 경제는 자꾸 어려워졌고, 백성들은 불안에 떨어야 했어요. 피해를 입기는 당나라와 일본도 마찬가지였어요.

문성왕은 여러 가지로 큰 어려움을 겪어야 했어요.

장보고의 도움으로 왕위에 올랐는데, 그런 장보고를 죽이고 나니 아무도 문성왕을 돕고자 나서지 않았어요.

얼마 후에 태자로 삼으려 했던 아들마저 세상을 떠났어요.

한동안 슬픔에 빠져 살던 문성왕도 857년에 세상을 뜨고 말았어요.

▲ 해상 왕국의 증거물인 장도의 통나무 목책

사위에게 왕위를 물려준 헌안왕

원수와 사돈을 맺다

857년에 문성왕이 죽자 헌안왕이 그 뒤를 이었어요.
헌안왕은 문성왕의 할아버지인 균정의 아들이었어요.
균정의 첫째 아내가 낳은 아들이 문성왕의 아버지인 신무왕이고,
둘째 아내가 낳은 아들이 바로 헌안왕이에요.
헌안왕의 어머니 조명 부인은 균정을 죽인 민애왕의 여동생이에요.
민애왕은 균정의 아들인 신무왕에게 목숨을 잃었어요.
헌안왕의 외가와 친가는 서로 화해할 수 없는 원수지간인 셈이었지요.
두 집안끼리 끊임없이 싸움을 하자 나라가 흔들렸어요.

"언제까지 죽고 죽이는 싸움만 할 것인가?
이제 이 싸움을 끝내야 해."

헌안왕은 두 집안의 피를 물려받았기 때문에 두 집안 모두 인정하는 사람이었어요.

"두 집안의 화해를 위해 내 아버지를 죽인 집안의 후손인 응렴을 사위로 맞겠다."

이제 싸움을 끝내고 한 가족이 되어야 할 텐데….

백성의 미움을 받은 경문왕

당나귀 귀를 가진 왕

헌안왕의 뒤를 이어 왕이 된 응렴이 바로 신라 제48대 경문왕이에요.
경문왕이 왕위에 오르자 왕권 다툼이 비로소 막을 내렸어요.
하지만 경문왕은 5년이 지나서야 제대로 왕 노릇을 할 수 있었어요.
경문왕의 나이가 16살이었기 때문에 그보다 다섯 살 많은 왕비와
헌안왕의 왕비인 태후가 나랏일을 좌지우지했거든요.
그러다 스무 살 청년이 되었을 때 비로소 왕권을 찾을 수 있었지요.
그런데 제륭과 균정의 두 집안이 힘을 합치는 것을 못마땅하게 생각하는
사람이 있었어요. 바로 윤흥과 그의 동생 숙흥, 계흥이었어요.
"두 집안이 힘을 합치면 우리 귀족들은 찬밥 신세가 될 게야."
"왕이 더 큰 힘을 갖기 전에 칩시다!"
이들은 반란을 꾀했지만,
일을 벌이기도 전에
들키고 말았어요.
경문왕은 이들의 목을
베고 그 가족들도 모두
죽였어요.

두 집안이 힘을 합치면 우리가 위태로워져.

〈삼국유사〉에는 경문왕에 대한 재미있는 이야기가 전해지고 있어요.
경문왕은 왕이 된 뒤부터 점점 귀가 커져 당나귀 귀가 되었대요.
경문왕은 흉한 귀를 가리기 위해 날마다 두건을 써야 했어요.
이 비밀을 아는 사람은 오직 두건을 만드는 사람뿐이었지요.

"이 비밀을 세상에 알리면 네 목을 칠 것이다!"

하지만 두건을 만드는 사람은 입이 근질거리고 속이 답답했어요.
그러다가 결국 병을 얻고 말았어요.
"에잇! 왕의 비밀을 지키다 죽으나 병으로 죽으나 마찬가지지."
그는 대나무 숲으로 달려가 마음껏 소리쳤어요.
"임금님 귀는 당나귀 귀!"
소리를 지르고 나자, 그의 병이 씻은 듯이 나았어요.
그런데 그 뒤 대나무 숲에서 이상한 소리가 들리기 시작했어요.
'임금님 귀는 당나귀 귀, 임금님 귀는 당나귀 귀…….'
이 소문을 전해들은 경문왕은 대나무를
모조리 베어 내고 산수유나무를 심게 했어요.
경문왕은 젊은 시절 영리해서 헌안왕의 사랑을 받았어요.
하지만 왕이 된 뒤 백성들의 소리를 귀담아듣지 않았어요.
그런 경문왕을 누군가 비꼬아 지어낸 이야기로 볼 수도
있어요.
경문왕은 875년, 서른 살의 나이로 세상을 떠났어요.

지혜로운 임금, 헌강왕

잠깐 동안 평화를 누린 신라

경문왕이 죽자 그의 맏아들 정이 왕위에 올랐어요.
그가 바로 제49대 헌강왕이에요. 헌강왕은 15세의 어린 나이로 왕위에
올랐지만 슬기롭게 나랏일을 이끌어 갔어요.
"잃었던 민심을 되찾아야 나라가 안정될 것이오. 죄가 무겁지 않은
사람들은 모두 풀어 주고, 그들에게 부처님의 가르침을 알리시오."
이런 헌강왕을 하늘도 도왔는지, 그가 왕위에 있는 동안 단 한 번도
외적의 침입이나 자연재해, 왕권 다툼이 없었어요.
어느 날, 헌강왕은 신하들과 함께 경주 시내를 살피고 있었어요.
멀리 백성들의 집에서는 밥을 짓는 연기가 피어올랐고,
곳곳에서 노랫소리가 들렸어요.

"폐하께서 왕위에 오르신 뒤로 해마다 풍년이 들었습니다."
헌강왕은 흐뭇한 미소를 지었어요.
"이게 모두 그대들 덕분이오. 나라가 평안하니 내 마음도 기쁘구려."
헌강왕은 일본과도 사이좋게 지냈어요.
882년, 일본이 신라에 사신을 보내 황금 300냥을 바치기도 했어요.

헌강왕 때 <처용가>라는 유명한 향가도 지어졌어요.
하루는 헌강왕이 지금의 개운포인 울산에 다녀올 때였어요.
길에 구름과 안개가 덮여 한 치 앞도 볼 수 없었어요.
"동해 용왕이 길을 막는 것이니 그 화를 풀어야 합니다."
이 말에 헌강왕은 망해사라는 절을 지었어요.
그러자 안개와 구름이 걷히고 용왕이 일곱 아들을 데리고 나타났어요.

"앞으로도 백성들을 잘 보살피도록 하라!"

용왕이 사라진 뒤 용왕의 한 아들이 헌강왕을 따라나섰어요.

그가 바로 처용이었어요.

헌강왕은 처용을 아름다운 처녀와 혼인시켜 주었어요.

그런데 역신이 사람으로 변해 몰래 처용의 집으로 숨어들었어요.

이를 본 처용은 마당에서 노래를 부르며 춤을 추었어요.

그러자 역신이 몸둘 바를 몰라 하며 처용에게 잘못을 빌었어요.

"앞으로 당신의 얼굴이 그려진 곳에는 나타나지 않겠습니다."

그 후 신라 사람들은 처용의 얼굴을 그려 나쁜 귀신을 쫓았다고 해요.

자랑거리가 많은 신라의 수도, 경주

신라 천 년의 역사를 고스란히 담고 있는 경주는 불교와 왕실 유적이 잘 보존되어 있어요. 2000년에 '경주 역사 유적 지구'라는 이름으로 세계 문화유산에 올랐지요. 신라의 역사와 문화를 한눈에 알 수 있을 만큼 많은 유산이 곳곳에 흩어져 있답니다.

❀ 천 년 왕조의 궁궐터인 월성 지구

▲ 김알지의 탄생지 계림

신라 왕궁이 자리하고 있던 월성(사적 제16호), 신라 통일기에 만들어진 임해전지(안압지, 사적 제18호), 신라 김씨 왕조의 시조인 김알지가 태어난 계림(사적 제19호), 그리고 동양에서 가장 훌륭한 천문대인 첨성대(국보 제31호), 신라의 기틀을 다진 내물왕의 내물왕릉(사적 제188호) 등이 있어요.

❀ 불교 미술의 보고인 남산 지구

경주 남산동에 있는 남산은 야외 박물관이라고 부를 만큼 발길 닿는 곳마다 곳곳에서 유물과 유적을 볼 수 있어요. 남산리 3층 석탑(보물 제124호), 용장사곡 3층 석탑(보물 제186호), 용장사곡 석불 좌상(보물 제187호), 불곡 석불 좌상(보물 제198호), 칠불암 마애석불(보물 제200호), 탑곡 마애조상군(보물 제201호), 천룡사지 3층 석탑(보물 제1188호), 그리고 신라가 망하는 모습을 지켜본 포석정지(사적 제1호) 등 37개의 보물과 시·도 유형 문화재, 사적이 있어요.

▲ 통일 신라 시대의 칠불암 마애석불

🌸 왕의 고분들이 있는 대릉원 지구

신라의 왕과 왕비, 귀족의 무덤이 있어요. 노동리 고분군(사적 제38호), 노서리 고분군(사적 제39호), 황남리 고분군(사적 제40호), 동부 사적지대(사적 제161호), 오릉(사적 제172호), 미추왕릉(사적 제175호), 재매정(사적 제246호) 등이 있지요. 금관, 천마도, 유리잔과 각종 토기가 발견되어 당시 생활 모습을 알려 주고 있어요.

▲ 대나무 무덤이라는 뜻의 '죽현릉'으로 불리는 미추왕릉

🌸 신라 불교의 중심지인 황룡사 지구

황룡사지(사적 제6호)와 분황사 석탑(국보 제30호)이 있어요. 황룡사는 몽골의 침입으로 불타 버렸으나 발굴을 통해 매우 크고 웅장한 절이었던 것이 밝혀졌어요.
황룡사에는 9층 목탑도 있었어요. 선덕 여왕이 이웃 나라의 침략을 막으려고 백제의 아비지를 초청하여 만들었다고 해요. 오늘날의 20층 건물과 높이가 같았다고 해요.

> 임해전지는 삼국 시대 최초의 인공 연못이야.

🌸 경주를 지켜 온 산성 지구

400년 이전에 쌓은 것으로 보이는 명활산성(사적 제47호)이 있어요. 신라의 성 쌓는 기술은 아주 뛰어나서 일본에까지 전해졌다고 해요.

쏙쏙! 한국사 상식

통일 신라의 마을 이야기

1933년에 일본 도다이 사 쇼소 원(정창원)에서 통일 신라의 중요한 민정 문서가 발견되었어요. 통일 신라의 마을이 어떻게 생겼는지, 논과 밭은 어떻게 나누어 가졌는지, 신라 사람들의 생활을 자세히 알 수 있는 아주 소중한 자료예요.

🌸 신라 민정 문서에는 무엇이 써 있나?

신라 민정 문서에는 지금의 충청북도 충주시 근처에 있던 네 군데 마을에 대한 내용이 적혀 있어요. 이곳에 있는 집은 모두 11호이고, 인구는 147명이었대요. 여기에 이사를 오고간 사람들, 그리고 노비와 여자의 수까지 아주 자세히 나와 있어요. 마을 전체와 각 집의 토지가 얼마인지, 그리고 소와 말의 수는 물론이고 그 수가 얼마나 늘어났는지도 알 수 있어요. 뽕나무, 잣나무, 호두나무의 수와 새로 심은 나무의 수까지도 나와 있어요.

▲ 일본 쇼소 원에 소장되어 있는 신라 민정 문서

🌸 신라 민정 문서를 통해 무엇을 알 수 있나?

첫째, 당시 농민들은 자연 촌락을 이루고 살았어요. 둘째, 촌주가 3~4개 촌을 다스렸어요. 셋째, 인구를 9등호제로 나누었어요. 넷째, 인구를 남녀별, 나이별로 6등급으로 나누었어요. 다섯째, 소, 말, 나무 등을 기준으로 세금을 거두었어요. 여섯째, 일반 백성을 평민과 향·부곡민, 노비로 나누었어요.

🌸 통일 신라는 왜 이런 문서를 만들었을까?

왕실과 나라에 쓸 세금을 철저히 거두기 위해서예요. 여기서도 하나 알 수 있는 것이 있어요. 이렇게 작은 마을에 대해 조사하여 적어 둘 만큼 통일 신라의 제도가 잘 정비되어 있었다는 점이지요.

한눈에 보는 연표

우리나라 역사

세계 역사

780

800 ← 카롤루스 대제, 서로마 제국 황제 칭호 받음
가야산 해인사 창건 → 802 ← 앵글로 색슨 왕조 시작

뛰어난 문장가 최치원

황소의 난 때 〈토황소격문〉을 지어 문장가로서 이름을 떨쳤어요. 885년 신라로 돌아와 아찬의 벼슬을 얻었으나, 난세를 비관해 여기저기를 떠돌아다녔어요.

810

전국 각지에서 농민 반란 일어남 → 819
김헌창이 반란을 일으킴 → 822
장보고, 청해진 설치 → 828
829 ← 잉글랜드 왕국 성립
832 ← 프랑크 왕국, 초기 로마네스크 양식 등장

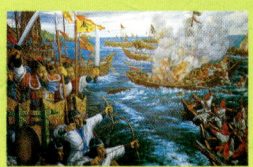
▲ 장보고 해상 활동 기록화

황소의 난 묘사도

황소의 난은 당나라 말기에 일어난 농민 반란이에요. 황소는 산둥의 호족 출신으로, 왕선지가 난을 일으키자 이에 호응해 일으킨 농민 반란이에요.

최치원은 우리나라 한문학의 시조야.

840

843 ← 프랑크 왕국 베르됭 조약 체결
장보고, 염장에게 살해됨 → 846
850 ← 멕시코, 마야 문명 쇠퇴
860 ← 유럽, 스콜라 철학 시작됨
제48대 경문왕 즉위 → 861

황소의 난은 당나라가 무너지는 원인이 되었대.

870

근종, 반란 실패로 처형됨 → 874
875 ← 당나라, 황소의 난 일어남
876 ← 크메르, 앙코르 와트에 사원 건립
881 ← 인도, 최초로 숫자 0을 쓴 비문 제작
최치원, 당나라에서 돌아옴 → 885

▲ 앙코르 와트 사원